CATALOGUE

DE

JETONS & MÉDAILLES

(N° 2)

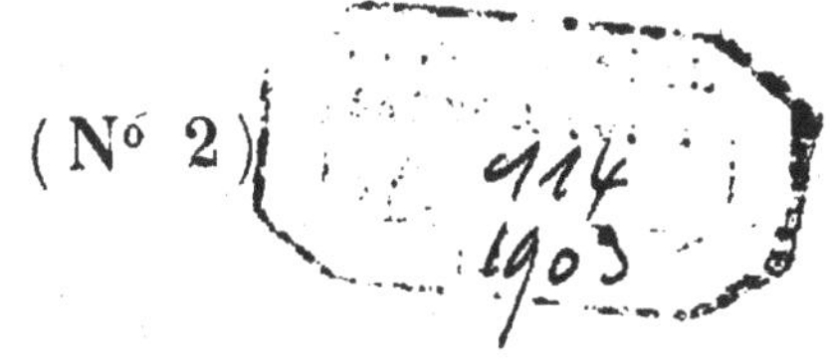

EN VENTE AUX PRIX MARQUÉS

CHEZ M. ÉMILE PLATT
19, QUAI DE MONTEBELLO
PARIS

CATALOGUE

DE

JETONS & MÉDAILLES

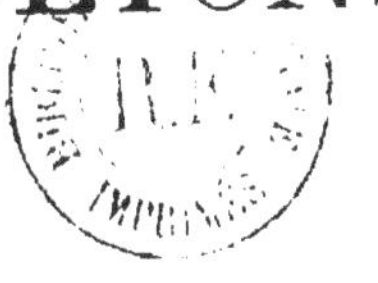

(N° 2)

EN VENTE AUX PRIX MARQUÉS

CHEZ M. ÉMILE PLATT

19, QUAI DE MONTEBELLO

PARIS

JETONS & MÉDAILLES

CATALOGUE N° 2

Suite du Catalogue du même genre publié en mars 1903, par Émile PLATT, 19, Quai de Montebello, à Paris.

501 **1790.** Confédération des Français, 14 juillet 1790. Méd. br. 41mm. TB. . . . . 4 »

502 — Confédération des Français, 14 juillet 1790. Insigne à bélière. Cuiv. doré. 32mm. TB. . . . . 3 »

503 **1792.** Exemple aux Peuples, X Aoust 1792. R/. A LA MÉMOIRE DU GLORIEUX COMBAT DU PEUPLE FRANÇAIS CONTRE LA TYRANNIE AUX TUILERIES. Br. 54mm. TB. . . . . . 7 »

504 **1796.** Bataille de Castiglione. Combat de Peschiera. R/. A l'armée d'Italie, loi du 27 Thermidor, an 4 de la République. Br. 44mm. TB. . . . . 8 »

505 — VOILA, SOLDATS VALEUREUX LE FRUIT DE VOS TRAVAUX. Mars distribuant des lauriers; à l'avers, buste en uniforme de Bonaparte. Cuiv. argenté. 30mm. TB. 2 »

506 — Même méd. en étain, mais du module 41mm. FDC. 3 »

507 — Passage du Pô, de l'Adda et du Mincio, an 4 de la République. R/. A L'ARMÉE D'ITALIE, LA PATRIE RECONNAISSANTE. Curieuse méd. formée de deux plaques en cuiv. repoussé, adaptées sur un flan en étain. 41mm. TB. 6 »

508 **1797.** Passage du Tagliamento, prise de Trieste. R/. A L'ARMÉE D'ITALIE, et en légende circulaire, LOI DU 15 GERMINAL AN 5e DE LA RÉPUBLIQUE. 41mm. FDC. . . 8 »

509 — Décoration autrichienne. Arg. à bélière. 38mm, don-

née aux soldats ayant combattu contre la France. Légende allemande en 8 lignes. FDC .... 15 »

510 — Capitulation de Mantoue, à la tête de Virgile. Br. 36mm. FDC .... 5 »

511 **1798**. Buonaparte l'Italique, le 26 Vendémiaire, an 6, au buste en uniforme de Bonaparte, général en chef de l'armée d'Italie. Étain. 41mm. TB............. 3 »

512 — Buste en uniforme de Bonaparte, né à Ajaccio le 16 août 1769. ℞. LA FRANCE LUI DEVRA LA VICTOIRE ET LA PAIX ; an 6 de la République, en exergue. Br. 32mm. Tranche cannelée. FDC 4 50

513 — Même méd., mais de coin et de tranche différents. Br. 32mm. TB............................ 4 50

514 **1799**. Arrivée à Fréjus, Bonaparte libérateur de l'Égipte (sic) jetton 1799. Étain 32mm. FDC........... 2 »

515 — Liberté romaine, 27 Pluviôse, an 7. Aigle, les ailes éployées, dans une couronne posée sur un socle aux attributs républicains, copie ancienne. Rare. 41mm. FDC.................................... 8 »

516 — Conquête de la Basse-Égypte. ℞. Les Pyramides. Br. 32mm. FDC................................ 4 »

517 **1800**. A Bonaparte, vainqueur et pacificateur ; en exergue, LES LYONNAIS RECONNAISSANTS. ℞. Pose de la 1e pierre de la Grande Place de Lyon, détruite en l'an II. Étain. 41mm TB.................................... 3 »

518 — Bonaparte réédificateur de Lyon. Sa tête nue. ℞. en 13 lignes (Rétablissement de la Place Bellecour, désormais Place Bonaparte). Br. 43mm. TB......... 8 »

519 — Bonaparte, 1er Consul de la République. Son buste en uniforme. ℞. VAINQUEUR, PACIFICATEUR, GENÈVE. Br. 38mm. TB.. 6 »

520 — Frappe d'essai de l'avers de cette même méd., sans revers. Br. FDC.............................. 3 »

521 — Première pierre de la colonne nationale posée par Lucien Bonaparte, buste de Bonaparte en uniforme. Br. 39mm. FDC................................ 5 »

522 — Même méd., mais du module 55mm. FDC..... 8 »

523 — Bataille de Marengo, an VIII, au buste de Bonaparte. ℞. en 9 lignes. Br. 50mm. FDC............. 7 »

524 — Translation du corps de Turenne au Temple de Mars, par les ordres de Bonaparte, an 8, 1re année du Con-

sulat. Avers, buste de Turenne en uniforme. Br. 50mm. TB.................................. 8 »

525 — Colonne départementale de Seine-et-Marne, 14 juillet 1800 ; longues légendes à l'avers et au revers. Br. 41mm. TB.................................. 4 »

526 — Fondation du quai Desaix à Paris, à la mémoire du général tué à Marengo. R/. Noms des trois consuls. Br. 41mm. TB.......................... 4 »

527 **1801**. Paix de Lunéville, 20 Pluviôse, an 9. Cérès debout Avers. Bonaparte, buste en uniforme, par Andrieu. Br. 41mm. TB.......................... 4 »

528 — Même méd. en arg. Rare en ce métal. 41mm. FDC. 20 »

529 — Au roi d'Étrurie, 10 juin 1801, code toscan. R/. A Marie-Louise-Joséphine, 21 Prairial an 9. Br. 34mm. TB. 4 50

530 — Bustes affrontés de Charles IV d'Espagne et sa femme. J.-P. Droz, INVENTOR DEL METODO DE MULTIPLICAR LOS TROQUELES. Tranche inscrite. Cuiv. rouge. 39mm. FDC. 5 »

531 — Même méd. Cuiv. jaune. 39mm. FDC........ 5 »

532 **1802**. Colonne érigée à Marseille par les soins de Charles Delacroix, préfet du département (Bouches-du-Rhône), an X de la République, au buste en uniforme de Bonaparte 1er, consul. Br. 41mm. Assez rare. B... 8 »

533 — Paix d'Amiens. Belle méd. aux bustes séparés des trois consuls, par Jeuffroy. R/. Paix intérieure, paix extérieure, arrêté du 30 Floréal an 10. Br. 68mm. TB. 10 »

534 **Sans date**. Médaillon de Napoléon. Buste en uniforme. Cuiv. repoussé. Dans un cadre cuiv. doré de l'époque. TB.................................. 8 »

535 **1803**. AUX ARTS, LA VICTOIRE. La Vénus de Médicis, an 4 du Consulat. Avers, tête nue de Bonaparte, par Jeuffroy. Br. 41mm. TB.......................... 5 »

536 **1804**. Code civil décrété en l'an XII. A l'avers, Napoléon en pied, drapé à l'antique. Br. 41mm. FDC.... 5 »

537 — Honneur légionnaire aux braves de l'armée, à Boulogne, 16 août 1804 ; l'empereur distribuant des décorations ; au revers, plan de l'emplacement des troupes. Br. 41mm. FDC.......................... 7 50

*

538 — Rétablissement de la Monnaie; deux femmes près d'une presse monétaire. ℞. Couronne, champ lisse. Br. 41mm. FDC........................... 5 »

539 — Couronnement, an XIII. Napoléon en pied, élevé sur le pavois, par Jeuffroy ; tête de l'empereur lauré, par Andrieu. Br. 41mm. FDC.................... 5 »

540 — Même sujet, tête et revers d'Andrieu. Arg. 32mm. TB. 8 »

541 — Même sujet, tête par Droz et revers par Galle. Arg. 26mm TB. Assez rare...................... 5 »

542 — Fêtes du couronnement à l'Hôtel de ville; têtes affrontées de Napoléon et Joséphine, par Brenet. ℞. Aigle accroupi les ailes éployées. Br. jaune. 34mm. FDC.................................... 4 »

543 — Drapeaux donnés à l'armée au Champ de Mars, le 14 Frimaire, an XIII, à la tête laurée de Napoléon, par Droz. Br. 26mm. TB...................... 2 50

544 — Réception solennelle et banquet à l'Hôtel de Ville de Paris, à l'occasion du couronnement de Napoléon. Charmant sujet allégorique par Jeuffroy. Avers, tête laurée de Napoléon par Galle. Br. 68mm. Superbe méd. FDC.................................... 14 »

545 **1805**. Entrevue de Schœnbrunn, les Édiles parisiens et Napoléon, par Galle. Avers, Victoire au-dessus d'un trophée d'armes et de drapeaux, par Brenet. Belle méd. 68mm. TB .... 10 »

546 — Pie VII visite la Monnaie des Médailles en janvier 1805, légende en 4 lignes avec ornements. Avers, buste de Pie VII en habits pontificaux, par Droz. Br. 41mm. FDC............ .... 6 »

547 — Le Pont Milius reconstruit (près de Rome). Vue du pont. Buste de Pie VII à l'avers. Curieuse méd. ancienne fondue. 38mm. TB.......................... 4 »

548 — Le pont d'Avignon reconstruit. Vue du pont sur le Rhône, Victoire volant sur le pont auprès d'un trophée. Avers : buste lauré de l'empereur, par Andrieu. Br. 41mm. Rare. FDC......................... 12 »

549 — Couronnement de Napoléon à Milan, grande couronne de fer et autour : Napoléon roi d'Italie. Coin de Jaley. Avers : tête de Napoléon par Andrieu. Br. 41mm. FDC.................................... 6 »

550 — Prise de Vienne MCCMV, frappée à Milan (curieuse façon de dater 1805). Coin de Manfredini. A l'avers, tête de Napoléon coiffé d'un casque romain. Br. 41mm. TB. . . . . 6 »

551 **1806**. Prise de Spalato et conquête de la Dalmatie, par Marmont. Avers, vue du port de Spalato et plan de la ville. R'. La Fortune sur un rocher tenant une roue et une corne d'abondance. Coin de Manfredini. Br. 41mm. TB. . . . . 9 »

552 — Bataille d'Iéna. Napoléon, le foudre à la main, à cheval sur un aigle, terrasse trois ennemis. Avers, tête laurée de Napoléon par Andrieu. Br. 41mm. FDC. 8 »

553 — Gênes. Joli buste décolleté de femme, la tête tourelée. ℞. Académie Impériale des Sciences et Arts de Gênes, PRÆSIDI DECUS au centre d'une couronne de lauriers. Coin de Vassalo. Br. 48mm. TB. . . . . 8 »

554 — Visite du prince de Bavière à la Monnaie de Paris. Avers, Max. Jos., roi de Bavière. Son buste en uniforme. Br. 28mm TB. 3 50

555 — Épreuve d'essai d'Andrieu. EXERCITU AD JENAM DELETO; l'empereur à cheval, le foudre à la main, précédé d'un aigle au vol, foule aux pieds deux ennemis. Br. uniface, 41mm. FDC . . . . 3 »

556 — Autre épreuve d'essai, de Jeuffroy. Capitulation de Spandau, Stettin, Magdebourg et Custrin; ces quatre villes implorant Napoléon dans les airs, à cheval sur son aigle. Br. uniface, 41mm. FDC. . . . . 3 »

556 *bis*. **1807**. Deux épreuves d'essai. Avers et revers. Premier essai : buste lauré de Napoléon; deuxième essai: PAIX ET COMMERCE, 1807. Mercure assis. Br. 32mm. FDC. Les 2 pièces. . . . . 4 »

557 — Xavier Bichat. Son buste par Galle. R'. Société Médicale d'Émulation de Paris. Serpent enroulé autour d'une massue. Br. doré de l'époque. 28mm. TB. 5 »

558 **Sans date**. Écoles de Médecine. Esculape en pied, par Jouannin. Avers, tête laurée de Napoléon. Br. 41mm. TB. . . . . 6 »

559 — Napoléon à Osterode. Tête laurée de l'empereur, par Andrieu. R'. Tête de Fabius Cunctator. Br. 41mm. FDC. 8 »

560 **1809**. Traité de Presbourg, rompu par l'Autriche. Avers,

Temple de Janus, la porte brisée. ℞. Napoléon en pied au milieu de trophées d'armes, 40.000 PRISONNIERS. Br. 41mm. FDC.............................. 8 »

561 — Le roi de Saxe visite la Monnaie de Paris. ℞. à ses armes. Br. 28mm. TB........................ 3 »

562 **1810**. Entrée de l'Impératrice en France. Vue de la cathédrale de Strasbourg. ℞. NAPOLÉON, MARIE-LOUISE, dans une couronne. Br. 32mm. TB............ 3 »

563 — Mariage de Napoléon et Marie-Louise. Leurs têtes affrontées, par Andrieu. ℞. L'empereur et l'impératrice en pied vêtus à l'antique, la main dans la main, près de l'autel de l'hymen, par Jouannin. Br. 41mm. FDC. 6 »

564 — Même méd. en arg. 41mm. FDC. .... 20 »

565 — Même méd. en arg. Avers de Galle, revers de Droz. 26mm. TB.................................. 6 »

566 — Même sujet. Avers : l'empereur et l'impératrice en pied près d'un autel, mais au revers, une simple couronne ; champ lisse au milieu. Arg. 26mm. TB.. 4 »

567 — Le roi et la reine de Bavière visitent la Monnaie. Leurs têtes affrontées. Br. 41mm. FDC......... 5 »

568 — A DESAIX. Le général nu, debout près d'une pyramide et d'une aigle légionnaire, par Brenet. Avers : tête laurée de Napoléon. Br. 41mm. FDC.......... 7 »

569 **1811**. Athénée de Vaucluse. Joli sujet allégorique. ℞. Légende circulaire et champ lisse entouré d'une couronne. Br. 41mm. TB...................... 5 »

570 — Même méd. Br. doré. 41mm. TB............ 5 »

571 — Naissance du roi de Rome. Buste du jeune prince en bonnet. ℞. Paris-Rome. Charmantes têtes représentant les deux villes. Arg. 19mm. TB........... 4 »

572 — Même sujet, mais aux têtes affrontées de l'empereur et de l'impératrice. Arg. 15mm. FDC......... 2 50

573 — Même méd. Br. FDC........................ 1 50

574 **1813**. Leipzig, 18-19 octobre 1813. Vue de la ville et de la bataille sous ses murs. Avers : bustes en regard de François Ier d'Autriche et d'Alexandre de Russie. Jeton cuiv. doré. 32mm. FDC.................... 3 50

575 — Même jeton. Cuiv. jaune. TB............. 2 50

576 — Monument du Mont-Cenis, par Brenet ; en exergue : EN TROIS MOIS, LA FRANCE ET L'ITALIE ARMENT DOUZE CENT

MILLE HOMMES POUR LA DÉFENSE DE L'EMPIRE. Avers : tête laurée de Napoléon. Br. 41^{mm}. FDC.......... 7 »

577 — Canal de Mons à Condé. Jolie femme très décolletée dans une nacelle ; en exergue, le Commerce du département de Jemmape, 1813. Coin de Brenet. ℞. Couronne et champ lisse. Br. 41^{mm}. FDC.............. 6 »

578 **1814.** Campagne de février 1814. Aigle debout, une étoile au front, marchant suivi d'une Victoire, par Brenet. Avers : tête laurée de l'empereur. Br. 41^{mm}. FDC. 8 »

579 — L'empereur d'Autriche visite la Monnaie des médailles. Avers : tête laurée, à g. de l'empereur d'Autriche. Br. 41^{mm}. FDC.............................. 4 »

580 — Ange de Paix au monogramme d'Alexandre Ier. Au Pacificateur de l'Europe. Paris. ℞. Trois fleurs de lis, GALLIA REDDITA EUROPAE, avril 1814. 41^{mm}. TB.. 5 »

581 — *Première Restauration.* ADVENTUS REGIS, 3 mai 1814. La Ville de Paris remettant les clefs à Louis XVIII, par Galle. Br. 68^{mm}. TB.................... 7 »

582 — Arrivée de Louis XVIII à Calais. IL PORTE LA PAIX DU MONDE. Br. 41^{mm}. TB..................... 3 »

583 — Louis XVIII entre à Paris. Le roi dans un char romain reçoit les clefs de la ville de Paris, 3 mai 1814. Br. 41^{mm}. FDC.......................... 3 »

584 — Paix signée à Paris par les cinq souverains, en pied et couronnés, le 12 mai, 1814. Br. 50^{mm}. TB... 5 »

585 — Charte constitutionnelle donnée par Louis XVIII, le 4 juin 1814. Br. 50^{mm}. TB.................. 4 »

585 *bis* — Même méd. Br. 40^{mm}. FDC............. 3 »

586 — Entrée du duc d'Angoulême à Bordeaux, 12 mars 1814. 41^{mm}. Br. FDC..................... 4 »

587 **Sans date.** Superbe méd. de récompense de l'Empire. Minerve assise distribuant des couronnes. Coin d'Andrieu. ℞. Grande et superbe couronne, champ lisse. Br. 68^{mm}. FDC.......................... 8 »

588 **1815.** Au Golfe Juan, A Napoléon le CVI^{e} roi. Sa tête laurée par Droz. Br. 27^{mm}. *Rare*............ 3 »

589 — Wellington. Son buste. Entrée de l'armée anglaise à Paris, 7 juin 1815. Vue du Louvre. Étain 41^{mm}. FDC. Rare.............................. 4 »

590 — Waterloo, 18 juin 1815, au revers et à l'avers : le prince d'Orange à cheval. Petite méd. cuiv. arg. 24^{mm}. TB................................ 1 50

591 — Trois épreuves d'essai uniface, l'un de la Porte de Carinthie. Entrée à Vienne Coin d'Andrieu. L'autre d'Anvers attaquée par les Anglais. Coin de Depaulis. La 3e de la bataille de Sommo-Sierra. Coin de Brenet. Br. 41mm. FDC.................... La pièce. 3 »

592 — Généraux de l'Empire : Kléber, né à Strasbourg. Son buste. Légende en neuf lignes au revers. Br. 32mm. TB.. 3 50

593 — Lazare Hoche, né à Versailles. Son buste en uniforme (de la Galerie Métallique). Br. 41mm. FDC.... 3 »

594 — L. Hoche, général en chef. Sa tête nue à g. ℟. Weissembourg, Landau, pacification de la Vendée, etc. dans une couronne de chêne et de laurier. Br. 41mm. FDC. 4 »

595 — Masséna, maréchal de France, prince d'Essling. Sa tête nue à g. ℟. Rivoli, Zurich, Gênes, Essling né a Nice, dans une couronne de chêne et de laurier. Br. 41mm. FDC................................ 4 »

596 — Même méd., fonte de Berlin................ 2 »

597 — Law de Lauriston, maréchal de France, né à Pondichéry. Son buste en uniforme. ℟. Ses armes. Br. 41mm. FDC.................................. 4 »

598 — Grande méd. russe au buste d'Alexandre Ier de Russie. ℟. Œil lumineux, dans une auréole. Légende russe, 1812. Frappée pour sa mort (1825). Br. 68mm. TB. 8 »

599 **1816**. Marie-Louise d'Autriche, duchesse de Parme et Plaisance (ex-impératrice des Français). Son buste décolleté. ℟. Légende latine en cinq lignes. Br. 36mm. Assez rare.................................. 5 »

600 — Mémorial de Sainte-Hélène. Tombeau de l'Empereur dans l'île. Avers : buste de Napoléon en uniforme. Très bien doré. 41mm. FDC.................. 3 50

601 — Même méd., mais en bronze non doré. FDC.. 2 50

602 — Souvenir du centenaire de l'empereur Napoléon Ier, 1769-1869. ℟. Aigle couronnée, petit chapeau, code Napoléon et croix d'honneur sur un coussin. Superbe méd. bronze très bien doré. 50mm. FDC....... 5 »

603 — Même méd., mais avec la dorure moins bien conservée. FDC................................ 3 »

604 — Méd. de Sainte-Hélène. Br. FDC. Avec beau ruban de l'époque.................................. 6 »

605 — Croix de la Légion d'honneur d'officier, *en or*. Petit module. 18^{mm}. TB.......................... 15 »

606 *Seconde Restauration* : **1815**. Tête de Louis XVIII par Andrieu. R'. 12 Enseignes auprès du Trône. ANNIVERSAIRE DU 3 MAI 1814. Br. 50^{mm}. FDC.......... 4 »

607 — Tête du duc de Berry. ENTRE LE DÉPARTEMENT DU NORD ET MOI C'EST A LA VIE ET A LA MORT. Br. 41^{mm}. FDG.................................. 3 »

608 — Tête de Louis XVIII. R'. Char transportant les cendres de Louis XVI et Marie-Antoinette. Br. 50^{mm}. FDC. 4

609 — Ordre Royal de la Légion d'honneur au buste de Henri IV. Br. 41^{mm}. FDC.................. 3 »

610 **1816**. Mariage du duc et de la duchesse de Berry, à la tête de Louis XVIII. R'. Génie tenant de chaque main une couronne au nom des deux époux. Br. 58^{mm}. TB. 4 »

611 — Joli buste de la duchesse de Berry. R'. Une plante de lis à deux fleurs nouées par un ruban. (Mariage.) Br. 41^{mm}. FDC............................. 3 »

612 — Buste en uniforme de Louis XVIII. R'. Joli sujet. LE ROI ET LES CHAMBRES DE LOUIS XVI. Assez rare. Br. 32^{mm}. FDC.................................. 3 »

613 **1817**. Buste de Louis XVIII avec la couronne royale. R'. S. A. R. MADAME LA DUCHESSE D'ANGOULÊME VISITE LA MONNAIE DE PARIS. Br. 36^{mm}. FDC................ 4 »

614 — Buste de L. J. de Bourbon, prince de Condé. R'. AU NESTOR DE L'ARMÉE FRANÇAISE. Br. FDC. 41^{mm}... 3 »

615 — Tête de Louis XVIII. R'. Statue équestre de Henri IV. Br. 50^{mm}. FDC........................... 4 »

616 — Tête de Louis XVIII. R'. La Sculpture présentant à la France la statue équestre de Henri IV. Br. 50^{mm}. FDC.................................. 4 »

617 Tête de Louis XVIII. R'. Joli sujet allégorique montrant la porte du Muséum surmontée du buste de Louis XVIII. Br. 50^{mm}. FDC............................ 4 »

618 **1818**. Buste de Louis XVIII. R'. La Fortune remplissant les coffres de la France. Br. 41^{mm}. FDC....... 3 »

619 Tête du Roi. R'. Guirlande surmontées de la couronne royale. CHAMBRE DES DÉPUTÉS. Br. 41^{mm}. FDC... 3 »

620 Tête de Monsieur frère du roi. R'. Sa visite à la Monnaie des Médailles. Br. 50^{mm}. FDC.............. 4 »

621 **1820**. A. S. Exc. M. Roy, Ministre des finances, l'Admon Gale des Monnaies, Décembre. 1820. ꝶ. Initiales entrelacées au-dessus de la croix d'honneur. Br. 36mm. FDC. Rare. . . . . 4 »

622 — Buste en uniforme du duc de Berry. ꝶ. Allusion à sa mort comme Henri IV. Superbe méd. Br. 50mm. FDC. 4 »

623 — Fondation du séminaire de Saint-Sulpice au buste de Pie VII. Br. 41mm. FDC. 3 »

624 — Même méd., au buste de Louis XVIII. Br. 41mm. FDC. . . . . 3 »

625 **Sans date**. Buste charmant de la duchesse d'Angoulême. ꝶ. PIÉTÉ FILIALE, CHARITÉ, COURAGE, AMOUR POUR LES FRANÇAIS. Br. 41mm. Gracieuse méd. FDC. . . . . . 4 »

626 **1818**. (Omise plus haut.) Tête de Louis XVIII. ꝶ. LA VILLE D'ORLÉANS A NICOLAS GÉRARDIN DE LA FAMILLE DE JEANNE D'ARC POUR AVOIR CONSERVÉ A LA FRANCE LA MAISON OU NAQUIT LA PUCELLE. Br. 41mm. FDC. Rare. . . . 4 »

627 **1820**. Tête de Louis XVIII. ꝶ. Fontaine avec le buste de Jeanne d'Arc. Br. 50mm. TB. . . . . 4 »

628 — Tête du duc de Berry. ꝶ. Funérailles du duc de Berry à la basilique de Saint-Denis. Br. 50mm. FDC. 4 »

629 — Tête du duc de Berry. ꝶ. Sujet allégorique de regrets. SOCIÉTÉ AMICALE DES ARTS, sous son patronage. Br. 50mm. TB. . . . . 4 »

630 — Naissance du duc de Bordeaux. La France prenant le jeune prince dans ses bras. Avers : tête de Louis XVIII. Br. 50mm. FDC. . . . . 5 »

631 — Naissance du duc de Bordeaux. Hercule enfant tenant dans ses mains des serpents ailés. Avers : têtes affrontées du duc et de la duchesse de Berry. Br. 50mm. FDC. 5 »

632 **1821**. Baptême du duc de Bordeaux au buste du petit prince. ꝶ. La France tenant l'enfant sur les fonts baptismaux près de la Religion qui le baptise. Br. 38mm. TB. 3 »

633 **1822**. Statue équestre de Louis XIV, au buste de Louis XVIII à l'avers. Br. 50mm. FDC. . . . . 4 »

634 — Buste du duc de Berry en uniforme. ꝶ. La ville de Lille assise près d'une urne funéraire regardant la

Religion qui lui indique l'apparition de la tète du duc de Berry, entourée d'étoiles, Br. 50mm. FDC. Assez rare . . . . 5 »

635 — Tète de Louis XVIII. ℟. La Religion et la Ville de Paris en extase devant Sainte-Geneviève dans un nuage, près du dôme de la basilique. Br. 50mm. FDC. . 5 »

636 **1823**. Tète de Louis XVIII. ℟. La France sous le costume de Pallas protège l'Espagne (assise avec deux enfants dans les bras), contre les rebelles. Br. 50mm. FDC. . . . . 5 »

637 — Tête du duc d'Angoulême. ℟. Libérateur de l'Espagne, etc. Br. 41mm. FDC. . . . . 3 »

638 — Tète du duc d'Angoulême. ℟. Le duc en uniforme couronné par la Victoire dans un bige à la romaine. Br. 38mm. FDC. . . . . 3 »

639 — Buste de Ch. Am. Alb. de Savoie prince de Carignan, en uniforme. ℟. Prise du Trocadéro. LES RÉGIMENTS DE LA GARDE ROYALE OFFRENT AU PRINCE LES ÉPAULETTES DE GRENADIER. Br. 41mm. FDC. . . . . 3 »

640 **1821**. Visite du prince de Carignan à la Monnaie des médailles. Avers : ses armes. ℟. Presse monétaire. Br. 41mm. FDC. . . . . 3 »

641 **1823**. Église de Notre-Dame-de-Lorette. Pose de la première pierre. Avers : tête de Louis XVIII. Br. 56mm. TB. . . . . 4 »

642 — Récompenses à l'industrie. Charmant sujet allégorique. Br. 56mm. FDC. . . . . 4 »

643 **1824**. Monument à Versailles à la mémoire du duc de Berry. Avers : tète de Louis XVIII. ℟. La Religion soutenant le duc blessé mortellement. Br. 50mm. FDC. . . . . . . 4 »

644 — Pose de la première pierre de la barrière de Sèvres. Vue de la Porte, longues légendes au-dessus, au-dessous, à droite et à gauche de cette porte. Br. 50mm. FDC. . . . . 4 »

645 **Sans date**. Tète de Louis XVIII. ℟. Le roi et le pape debout en costume d'apparat. ECCLESIA GALLICA NOVIS SEDIBUS AUCTA. Br. 50mm. FDC. . . . . 4 »

646 **Sans date**. Aux arts utiles. Minerve debout entourée d'attributs industriels et agricoles. Avers : tête de Louis XVIII. Br. 56mm. FDC. . . . . 4 »

647 **1824**. Mort de Louis XVIII. Buste du roi. ℟. Urne funé-

raire tenue par la France sur un piédestal, auprès d'une plante de lis dont une des fleurs a la tige brisée. Br. 36mm. TB. . . . . 3 »

648 — Avènement de Charles X. Sa tête. R'. Sceptre et main de justice en sautoir sous la couronne. Br. 50mm. TB. 4 »

649 — Hommages de la Garde nationale de Paris à Charles X pour son avènement. Couronne surmontée d'un trophée de drapeaux. Br. 38mm. TB. . . . . 3 »

650 — Te Deum à Notre-Dame, 27 septembre 1824; couronne et attributs royaux sur un coussin. Avers : tête de Charles X. Br. 50mm. TB. . . . . 4 »

651 — Tête de Charles X. R'. Profession de foi en 15 lignes promettant de maintenir la charte. Br. 50mm. FDC. 4 »

652 — Tête de Charles X. R'. Le Roi debout près du Trône reçoit de la France les insignes royaux en présence d'un prêtre, d'un artisan et d'un soldat; derrière ce groupe, le buste d'Henri IV. Br. 50mm. TB. . . . . 4 »

653 **1825**. Têtes affrontées de Charles X et de Louis XVIII. R'. Statue équestre de Louis XIV, *à Lyon*. Br. 50mm. TB. 4 »

654 — Sacre de Charles X à Reims. Le Roi agenouillé devant l'archevêque. Br. 50mm. TB. . . . . 3 »

655 — Même méd. Module 41mm. Br. TB. . . . . 2 »

656 — Le Roi en pied en costume de sacre. R'. Couronne et champ lisse. Br. 45mm. TB. . . . . 3 »

657 — Le Roi agenouillé devant la Religion, derrière lui, la France. Sacre, autre variété. Br. 41mm. TB. . . . . 3 »

658 — Autre variété du sacre. Charles X assis sur le trône, en costume de sacre. Br. 35mm. TB. . . . . 2 »

659 **1826**. Tête de Charles X. R'. Hospice Saint-Michel à Paris. Pose de la première pierre. Br. 41mm. TB. . . . . 3 »

660 — Tête de Charles X. R'. Église de Saint-Denis agrandie. Br. 50mm. FDC. . . . . 4 »

661 — Tête de Charles X. R'. Légende en sept lignes à la mémoire de Louis XVI. Br. 50mm. FDC. . . . . . . 4 »

662 — Les Beaux-Arts à la Grèce. Lyon à ses enfants malheureux. Joli sujet allégorique. R'. Exposition de tableaux en faveur des Grecs et des ouvriers sans travail. Br. 50mm. TB. . . . . 4 »

663 **1827**. Récompenses à l'Industrie. La France couronnée, et Minerve debout au milieu d'instruments industriels. Br. 55mm. FDC. . . . . 4 »

664 — Élections constitutionnelles. Sujet curieux. ℞. Aux Amis des Libertés publiques. Br. 41mm. FDC. . 3 »

665 — Visite de Charles X à Amiens. Tête du roi. Br. 38mm. FDC. . . . . 2 »

666 **1828**. Expédition en Morée. La France tenant la croix et le drapeau sur une nacelle. ℞. En quatorze lignes. Br. 41mm. FDC. . . . . 3 »

667 **1829**. Buste du duc de Berry en uniforme. ℞. LE DÉPARTEMENT DU NORD A LA MÉMOIRE DU DUC DE BERRY. Br. 41mm. TB. . . . . 3 »

668 — Statue équestre de Louis XIII par Dupaty de Bordeaux. Avers : têtes affrontées de Charles X et de Louis XVIII. Br. 50mm. FDC. . . . . 4 »

669 **1829**. Reconstruction de la salle des Séances de la Chambre des députés. Vue du monument. Avers : tête de Charles X. Br. 50mm. FDC. . . . . 4 »

670 **Sans date**. Monument élevé à Quiberon, en souvenir de la tentative de d'Hervilly, chef royaliste en 1795, contre la République. Br. 50mm. FDC. . . . . 5 »

671 **1830**. Conquête d'Alger, le 5 juillet 1830. Curieux sujet allégorique. ℞. LE COMTE DE BOURMONT, GÉNÉRAL EN CHEF. Br. 41mm. FDC. . . . . 3 »

672 **1832**. La reine des Français visite la Monnaie des méd. Avers : tête de Louis-Philippe. Br. 50mm. TB. . 4 »

673 **1833**. Tête de Berryer, avocat, député de la Haute-Loire. ℞. UNION D'UN BEAU TALENT ET D'UN GRAND CARACTÈRE. Br. 41mm. FDC. . . . . 3 »

674 — Tête du marquis Scipion de Dreux-Brézé. ℞. HOMMAGE DE LA VENDÉE A SON DÉFENSEUR. Br. 41mm. FDC. 3 »

675 **1834**. Liberté de la Presse ℞. RÉFORME PARLEMENTAIRE, ÉMANCIPATION POLITIQUE. Br. 41mm. TB. . . . . 3 »

676 **1837**. Tête de J. F. Dupont, avocat. DÉFENSEUR DES ACCUSÉS PATRIOTES, DÉJA INTERDIT DEUX FOIS. Br. 50mm. FDC. Rare. . . . . 5 »

677 — Têtes affrontées du duc et de la duchesse d'Orléans. ℞. La Ville de Paris, assise, de face. FÊTES DONNÉES A L'OCCASION DU MARIAGE DU PRINCE ROYAL. Br. 50mm. FDC. 4 »

678 — Vue du château de Versailles. Inauguration des Galeries historiques. ℟. Au roi. Armes de la Ville. Br. 50^{mm}. TB. . . . . 4 »

679 **1839**. Abattoir des chevaux de Paris, pose de la première pierre. Avers : buste de Louis-Philippe. Br. 50^{mm}. FDC. 4 »

680 **1840**. Colonne de Juillet, à la gloire des citoyens morts en 1830 pour la défense des lois. Avers : tête de Louis-Philippe. Br. 50^{mm}. TB. . . . . 4 »

681 **1842**. Buste en uniforme du Prince royal. ℟. Mort d'une chute de voiture en 1842. etc. (longue légende). Br. 50^{mm}. FDC. . . . . 4 »

682 — Tête de Louis-Philippe. ℟. Groupe charmant flanqué de Mercure à g. et d'Apollon à dr. CHAMBRE DES DÉPUTÉS, SESSION DE 1842. Br. 50^{mm}. FDC. . . . . 4 »

683 **1845**. Tête de Louis-Philippe, par Depaulis. ℟. Légende en dix-sept lignes. (Pose de la première pierre du grand séminaire de Beauvais.) Br. 57^{mm}. FDC. . 5 »

684 **1848**. Tête de Louis-Philippe, par Galle. ℟. ARMIS OCCUPAT. ARTIBUS ORNAT. Groupe allégorique de trois femmes. Br. 57^{mm}. FDC. . . . . 5 »

685 **1854**. A l'empereur Napoléon Ier, la ville de Paris. Armes de la ville de Paris, soutenues par deux Victoires. ℟. L'empereur (dans un quadrige), couronné par la Victoire et précédé par la Renommée et par son aigle au vol tenant un foudre dans ses serres, culbute ses ennemis. Gravé par Oudiné, d'après le tableau d'Ingres. Br. 78^{mm}. Beau . . . . 8 »

686 **1856**. Berceau du prince impérial offert par la ville de Paris. Vue de ce magnifique berceau. ℟. Le jeune prince endormi sur une couche soutenue par un grand aigle aux ailes éployées ; au-dessus de lui, deux Renommées. Superbe méd. Br. 78^{mm}. . . . . 8 »

(Voir à la fin du catalogue quelques bonnes médailles omises à leur date.)

JETONS PERSONNELS

687 **Philippe-Égalité** et sa femme, Marie-Louise-Adélaïde de Bourbon-Penthièvre. Grand jeton ovale en arg., de 52mm sur 34mm, aux armes accolées des deux époux dans un joli cartouche. R'. Leurs initiales entrelacées. Pièce superbe et rare. FDC.................. 25 »

688 **Argenson** (Voyer d'). Lieutenant général de police. Ses armes. R'. Cigognes, VIGILAT UT QUIESCANT. 1713. Cuiv. jaune. B.............................. 5 »

689 **Aumale** (Louis Ch. de Bourbon, duc d'). Son buste. R'. Aigle sur un foudre et aigle au vol; en exergue : Artillerie, 1737. Cuiv. TB........................ 3 50

690 **Aumale.** Même jeton que ci-dessus, sauf le revers : Aigle aux ailes éployées ; en exergue : Artillerie, 1749. Cuiv. TB.................................. 3 50

691 **Auvellier**, seigneur de Champclos en Languedoc. Conseiller, secrétaire du roi. Maison, couronne de France, à ses armes. R'. 1712. Champ losangé semé de coquilles et de lézards. Cuiv. TB..................... 5 »

692 **Bachelier** (Henry, seigneur de Montcel). Lieutenant criminel de robe courte de Paris, à ses armes. R'. Ruche et abeilles, 1724. Cuiv. TB.................. 6 »

693 **Bardet de Vermanton**, président de la Chambre aux Deniers. Son nom dans le champ. R'. Parterre de fleurs sous un soleil rayonnant, 1711. Cuiv. TB...... 2 »

694 **Jacques de Bèze**, conseiller de la Cour des Aides, 1707 et *Cl. de Bèze*, conseiller au Parlement. Leurs armoiries, 1714. R'. La Justice debout, JUSTUM RECTUMQUE TUETUR. Cuiv. TB.............................. 6 »

695 **Bourdelin**, doyen de la Faculté de Médecine de Paris, à son buste. R'. Légende latine en six lignes, 1736-37 et 38. Cuiv. rouge. TB.................... 4 »

696 **Charles III**, duc de Lorraine. Écusson de Lorraine, 1570. R'. Trois alérions traversés par une flèche; dans le champ, deux croix de Lorraine et deux CC entrelacés. Cuiv. TB.............................. 6 »

697 **Charles IV**, duc de Lorraine. Son buste. R'. Armes de

Nancy. Ject. de la Chambre de ville de Nancy, 1669. Cuiv. TB. . . . . 3 »

698 **De Combe**, prévôt de la Monnaie de Riom. Ses armes et au revers : Armes de la ville de Riom, 1693. Cuiv. FDC. . . . . 3 »

699 **Jean Grand Cerf**, 1643. Ses armes. R'. Armes de Paris. Monoyer de Paris du Serment de France. Cuiv. jaune. Rare. AB. . . . . 3 »

700 **Ph. Hecquet** d'Abbeville, médecin de la Faculté de Paris, 1713. Les Armes de la Faculté. R'. Serpent rampant et temple d'Esculape. Cuiv. TB. . . . . 5 »

701 **Maistre des requêtes ordinaires** et au revers : de l'hostel du Roy du quartier d'Avril, 1642. Neuf armoiries avec noms à l'avers et neuf autres armoiries au revers. Jeton rare et curieux. Cuiv. rouge. TB. . . . . 12 »

702 **Maistres des Requestes ordinaires**. Même jeton que ci-dessus pour le quartier d'Octobre, 1657, et à dix-huit armoiries différentes du n° précédent. Cuiv. jaune. Rare. TB. . . . . 12 »

703 **L. A. de Bourbon, duc du Maine**, grand maître de l'Artillerie. Son buste. R'. Trophée d'armes, canon et mortier ; en exergue : Artillerie. Cuiv. rouge. TB. . 3 »

704 **Marie-Thérèse**, reine de France. Son buste. R'. Horloge pneumatique de Huygens, 1677. Cuiv. B. . . . . . 2 »

705 **Nicolas des Maretz**, contrôleur général des finances, 1708. R'. Ses armes. Cuiv. TB. . . . . 5 »

706 **Massillon** (Jean-Baptiste), évêque de Clermont-Ferrand. Ses armes. R'. Un navire à trois mâts, 1719. Cuiv. TB. . . . . 5 »

707 **Massillon**. Même jeton que le précédent, mais moins beau. 2 50

708 **Louis de Gonzague**, duc de Nevers et Henriette de Clèves, 1651, sur un autel. Leurs armes. Cuiv. rouge. TB. 2 »

709 **Louis de Gonzague**. Même jeton que le précédent en cuiv. jaune. TB. . . . . 2 »

710 **Armand, cardinal duc de Richelieu**. Son buste. R'. MENS SIDERA VOLUIT, 1635. Cuiv. B. . . . . 3 »

711 **Même avers**. R'. HOC DUCE TUTA. Navire, les voiles gonflées, 1636. Cuiv. B. . . . . 3 »

712 **Autre jeton de Richelieu**, à ses armes au-dessus de la mer,

près de la proue d'un navire. ℞. VINCET DUM PROTEGET ARAS, 1641. Cuiv. B........................ 3 »

713 **Sully**, prince souverain d'Henrichemont (Maximilien de Béthune, duc de Sully). Son buste. ℞. Ses armes. Cuiv. B............................... 4 »

714 **Tambonneau** (Michel), président de la Cour des Comptes. Ses armes. ℞. Aigle tenant dans ses serres le globe terrestre, 1634. Cuiv. Rare. B............... 8 »

715 **Vendosme** (Louis, duc de), général des Galères. Ses armes. ℞. Sirènes jouant dans la mer ; en exergue : Galères 1706. Cuiv. doré de l'époque................ 5 »

716 **Gilb. de Veny d'Arbouze**, évêque de Clermont-Ferrand. Ses armes. ℞. HINC FOVET INDE TUETUR, 1666. Cuiv. Rare. B. 10 »

717 **Marie-Antoinette**, reine de France. Son buste. ℞. Ses armes et celles de son mari accolées, en exergue : Maison de la reine. Cuiv. jaune d'apparence ancienne. B. 5 »

718 **Marie-Antoinette**. Joli jeton à son buste. ℞. Officiers du Gobelet de la reine. Refrappe. FDC.......... 3 »

719 **Monsieur, frère du Roi**. Son buste. ℞. Ses armes ; en exergue : Maison de Monsieur. Cuiv. jaune. Refrappe. FDC.................................... 3 »

720 **Fleurian d'Armenonville**, Garde des Sceaux de France. ℞. A ses armes. Cuiv. jaune. Refrappe. TB... 3 »

Ces trois derniers jetons, quoique de frappe postérieure, ont acquis une certaine valeur, car les coins, depuis un grand nombre d'années, ne peuvent plus servir par mesure de conservation.

721 **Marie Leczinska**, reine de France. Son buste. ℞. Ciel étoilé et croissant de lune. Maison de la reine, 1743. Arg. TB................................ 7 »

722 **Catherine de Médicis**, reine de France. Ses armes. ℞. Larmes et flammes. Cuiv. AB............... 3 »

723 **Louis XVI**, tête laurée. ℞. SOL REGNI ABIIT. Urne funéraire près du sceptre et de la couronne, 21 janvier 1793. Jeton cuiv. argenté frappé par les émigrés. Assez rare et TB.................................. 4 »

(Voir n° 768. Jeton personnel de Louis XV.)

JETONS

des Administrations du Royaume, de la Municipalité de Paris et des Corporations de la Capitale.

724 Petite suite de jetons cuiv. de la *Chambre des Comptes* de François Ier à Louis XIII, années 1553, 54, 55, 65, 76, 85, 87, 96, 1600, 1602 et 1605. Beaux et très curieux. La p. 2 50

725 **Chancellerie de France.** Trois jetons cuivre des années 1623, 1634 et 1636. B. et curieux....... La p. 1 50

726 **Chancellerie suprême de France.** ℞. STAT SECURA TRIBUS. Trois personnages symboliques féminins supportant la couronne. Cuiv. Rare et TB................ 4 »

727 **Ferme des Aides.** Armoiries de France et Navarre. ℞. SUPERFLUA DEMO, 1639. Arg. B................ 5 »

728 **Ferme des Aides.** Même jeton en cuiv. TB....... 2 »

729 **Conseil du Roi.** Trois jetons cuiv. très curieux, des années 1633, 1649 et 1660. TB............... La p. 1 50

730 **Grand Conseil.** Deux jetons cuiv., de coins différents, de l'année 1661. TB.................... La p. 1 50

731 **Ponts et Chaussées** de France. Armes de France et de Navarre. ℞. Hercule combattant, 1636. Cuiv. B. 1 50

732 **Trésor royal, Parties casuelles, Édifices royaux, Extraordinaire des Guerres, Chambres aux Deniers**, etc. Lot considérable de *superbes* jetons en cuiv. (envois en communication)..................... La p. 0 50

733 **Ville de Paris.** Petit jeton arg. Vue de la ville et ℞. Statue équestre de Louis XIV. TB............. 4 »

734 **Élection de Paris.** Buste de Louis XV. ℞. Écu de France. Arg. TB.............................. 4 50

735 **Élection de Paris.** Même jeton arg., mais à la tête de Louis XV. FDC........................ 4 50

736 **Prévôts.** 2e prévôté de M. de Bernage, 1746. Arg., grand module. TB............................ 4 50

737 3e **Prévôté de M. Camus du Pontcarré,** 1763, à ses armes. ℞. La ville de Paris assise. Arg., grand module. TB. 7 »

738 **2e Prévôté de M. Le Fèvre de Caumartin**, 1780, à ses armes. ℞. Écusson de la ville. Arg. FDC . . . . 6 »

739 **Prévôté de Mr Le Pelletier**, 1784, à ses armes. ℞. Écusson de la ville. Octog. Arg. TB . . . . 7 »

740 **2e Prévôté de Mr Le Pelletier**, 1786, à ses armes. ℞. Écusson de la ville. Octog. Arg. TB . . . . 7 »

741 **Corporations**. Mont-de-Piété fondé en 1777, au buste de Louis XVI. ℞. Droit de présence établi en 1824. Octog. Arg. FDC . . . . 7 »

742 **Communauté des Maitres Selliers**, à la tête de Louis XV. ℞. Saint Éloi en pied. Arg. TB . . . . 12 »

743 **Communauté des Maitres-Traiteurs**, à la tête de Louis XV. ℞. La Vierge portant Jésus. Arg. TB . . . . 12 »

744 **Maitres-Traiteurs, Rôtisseurs, Pâtissiers** en légende circulaire. Champ lisse. Avers : tête de Louis XIV. Cuiv. jaune. Rare. TB . . . . 5 »

745 **Marchands teinturiers de bon teint**. Buste de Louis XV. ℞. Soleil ardent sur un champ de tournesols. Arg. TB . . . . 12 »

746 **Marchands merciers**, 1704. Buste de Louis XIV. ℞. Les trois navires de la corporation. Arg. FDC . . . . . 8 »

747 **Marchands merciers**, 1704. Saint Louis en pied avec sceptre et main de justice. ℞. Armes de la corporation. Arg. FDC . . . . 8 »

748 **Porteur de grains**, 1703. Navire. ℞. Saint Louis debout, SOUS NULLE AUTRE CONDUITE. Cuiv. Rare. TB . . . . 4 »

749 **Porteur de grains**, 1703. Même jeton moins beau et contremarqué G. V . . . . 3 »

750 **Communauté des Vitriers peintres sur verre de Paris**, armes de la corporation. ℞. Vue de la ville de Paris. Cuiv. Rare. TB . . . . 5 »

751 **Chambre des Peintres et Vitriers**, 1837. ℞. La Peinture tenant un fil à plomb ; en exergue : Peinture monumentale. Cuiv. Octog. FDC . . . . 2 »

752 **Communauté des Marchandes Lingères**. La Sainte Face. Avers : Buste de Louis XV. Arg. FDC . . . . 12 »

753 **Académie de Saint-Luc**, 1758. Minerve assise appuyée sur l'écusson de l'Académie. Avers : tête du roi. Arg. TB. 10 »

754 **Académie de peinture et de sculpture**, 1774. La Peinture

et la Sculpture assises. Avers : Buste de Louis XV. Cuiv. TB. . . . . 3 »

755 **Maison philanthropique de Paris.** ℞. Dextrochère arrosant des plantes, 1781. Arg. FDC. . . . . 6 »

756 **Gardes Marchands de vins.** Sept navires sous une grappe de raisin. ℞. Coupe sur un piédestal. Arg. FDC. 6 »

757 **Chanoines,** 1647. Trois coquilles. ℞. Un pèlerin. Cuiv. Rare. AB. . . . . 3 »

758 **Communauté des Fourbisseurs.** Amas d'armes et de drapeaux. Avers : buste de Louis XV. Arg. TB. . . 12 »

759 **Administration de la foire Saint-Germain-des-Prés.** ℞. 1 fr. 50 centimes en creux. Cuiv. curieux et rare. TB. 5 »

760 **Les Marguilliers de Saint-Gervais.** Buste de Louis XVI. ℞. Saint Gervais et saint Protais debout, 1715. Arg. B. 10 »

761 **Les Marguilliers de Saint-Merry,** 1754. Buste de Louis XV. ℞. Bouquet de palmes avec tiare, mitre, clés et crosse. Arg. B. . . . . 10 »

762 **La Chasse royale,** 1671. Une chasse au cerf. Avers : buste de Louis XIV. Cuiv. TB. . . . . 3 »

763 **La Chasse royale,** 1671. Même jeton plus grand et d'un autre coin. B. . . . . 2 »

764 **Trésorerie Générale des Dépenses diverses.** Le chiffre du Roi sous une couronne. Buste de Louis XVI. Arg. Superbe jeton. FDC. . . . . 8 »

765 **Imprimerie.** Beau jeton de haut relief aux bustes de Guttemberg et de Senefelder par Montagny. ℞. P. D. dans une couronne (Paul Dupont). Octog., grand module. Arg. TB. . . . . 6 »

766 **Boucherie.** Commerce de la Boucherie de Paris. ℞. Un bœuf. Avers : Tête de Louis-Philippe, par Barre. Grand jeton arg. octog. FDC. . . . . 6 »

767 **Approvisionnement de Paris.** Ancre et caducée, 1840. ℞. Commerce des bois à œuvrer. Octog. Arg. FDC. 5 »

768 **Jeton personnel du Roi.** Tête de Louis XV, par Duvivier. ℞. Chiffre du Roi sous la couronne. Octog. Arg. B. . . . . 12 »

769 **Procureurs du Châtelet, 1710.** Coq et quatre poules. Avers : Tête de Louis XIV. Cuiv. FDC . . . . . . 4 »

770 **Trésorier général des Fermes.** Écus accolés de France

et de Navarre. R'. 1628. Tête de Janus sur un socle au-dessus de deux cornes d'abondance. Arg. Assez rare et TB. . . . . 9 »

771 **Caisse d'Escompte sous le Consulat.** Femme assise près d'un coffre. R'. Caducée entre deux cornes d'abondance Joli jeton octog. arg. FDC. . . . . 8 »

772 **Chambre aux Deniers**, 1737, au buste de Louis XV, par Duvivier. Arg. TB. . . . . 5 »

773 **Payeurs des Rentes**, 1751, à la tête de Louis XV. Arg. FDC. . . . . 6 »

774 **Société de Pharmacie de Paris**, 1796, à la tête d'Hygie. R'. Coq sur un piédestal au pied duquel se trouve une cornue et un vase de fleurs. Arg. octog. TB. . . 5 »

775 **Extraordinaire des Guerres**, 1777. Tête de Louis XVI, ceinte d'un ruban. R'. Mars et la Paix. Arg. Assez rare. FDC. . . . . 6 »

776 **Académie des Inscriptions et Belles-Lettres**, à la tête de Louis XV. Arg. FDC. . . . . 5 »

777 **Officiers de l'Empire de Galilée** (les Clercs de Procureurs). Trois oiseaux fantastiques dans un cartouche. R'. Buste de Charlemagne, 1741. Cuiv. Rare. TB. 4 50

778 **Notaires.** Paris sous Louis XVIII, à son buste. Octog. Arg. TB. . . . . 5 »

779 **Notaires.** Paris sous Louis-Philippe, à sa tête. Octog. arg. FDC. . . . . 5 »

780 **Police.** Tête de Louis XIV. R'. ADSERTORI SECURITATIS PUBLICAE. Cuiv. Rare. B. . . . . 3 »

781 **Police.** Bonaparte 1er Consul. Buste en uniforme, par Gatteaux. VIGILAT UT QUIESCANT. R. P. D. P. entrelacés dans une couronne. Arg. Très rare. FDC. . . . . 18 »

782 **Police.** Louis XVIII, sa tête, par Galle. R'. Coq sur une patte. VIGILAT UT QUIESCANT. Octog. Cuiv. B. 2 »

783 **Université**, 1699. Buste de Charlemagne. R'. Armes de l'Université. Arg. TB. 5 50

784 **Université**, 1699. Même jeton cuiv. TB. . . . . 1 »

785 **Université**, 1747. Charlemagne en pied. R'. Armes de l'Université. Arg. FDC. 5 50

786 **Université**, 1651. Même jeton. Cuiv. TB. . . . . 1 »

787 **Ordre du Saint-Esprit**, 1728. Buste cuirassé de Louis XV. R'. Colombe dans une gloire. Arg. TB. 5 50

788 **Racoleurs**. Scène de racolage militaire. ℞. O Thoma réveille-toi (*sic*). Cuiv. TB. . . . . 1 »

789 **Clergé**. Buste de Louis XVI. ℞. Tiare, crosse et mitre. CONVENTUS CLERI GALLICANI, etc., 1780. Arg. Octog. TB. 5 »

790 **Clergé**. Attributs royaux sur un socle. ℞. CLERUS GALLICANUS, 1650. Cuiv. TB. 1 50

791 **Menus Plaisirs** et affaires de la Chambre, 1710. Apollon jouant de la lyre. Avers: Buste de Louis XV enfant. Joli jeton cuiv. TB. . . . . 2 »

792 **Monnaie**, 1723. Presse monétaire. Buste de Louis XV. Arg. TB . . . . 5 »

793 **Monnaie**, 1878. Tête de la République, par Barre. ℞. Administration des Monnaies. Arg. Flan épais. FDC. 4 »

794 **Chefs d'Institution** de la Seine. Jeton arg. octog., au buste couronné de Charlemagne, 1847. FDC. . . 4 50

795 **Société des Bibliophiles**, fondée en 1820. Vue d'une bibliothèque. Avers : Buste de Thou. Grand jeton cuiv. jaune. TB. . . . . 2 »

796 **École Coloniale**. Conseil d'Administration, dans une large couronne de chêne et de laurier. Avers : Tête de la République, par Barre. Arg. TB. 6 50

797 **Académie Française**. Institut royal de France, à la tête de Louis XVIII, par Gatteaux. Arg. TB. . . . . 5 »

798 **Agréés au Tribunal de Commerce**, à la tête de Charles X. Grand jeton octog. arg. FDC. 5 50

799 **Caisse hypothécaire**, à la tête de Louis XVIII. ℞. Instruments aratoires, ruche, caducée entre deux cornes d'abondance, le tout dans un charmant entourage. Grand et très joli jeton octog. Arg. FDC. 6 50

800 **Comptoir National d'Escompte**, 1848. République en costume guerrier, tenant un caducée et un drapeau. Joli jeton octog. arg. FDC. . . . . 5 »

801 **Comptoir National d'Escompte**, 1848. Deux femmes debout l'une près d'une ancre, l'autre près d'une enclume, plus loin une locomotive. Immense jeton arg. de 45mm. FDC. . . . . 8 »

802 **L'Éole**, assurances maritimes, 1855. ℞. Navire sur lequel le dieu des vents souffle avec fureur. Joli jeton octog. arg. 4 50

803 **Barreau de Paris**. La loi debout tenant le code ouvert. R̸. CONSEIL DE L'ORDRE, M. ALLOU ANCIEN BATONNIER. ÉLECTION DE 1887, dans un large et bel entourage. Très grand jeton arg. 42mm. FDC................ 12 »

804 **Jeu**. Huit jetons anciens de jeu, octog., arg., du même module, mais avec sujets allégoriques variés.
La p. 3 »

JETONS (Province).

805 **Normandie**. Chambre des Comptes de Normandie sous Louis XIII, au buste jeune du Roi. Cuiv. jaune. AB.................................... 2 »

806 **Rouen**. Communauté des Marchandes lingères de Rouen ; deux mains jointes. Avers : Tête de Louis XVI, par Duvivier. Arg. FDC...................... 10 »

807 **Rouen**. Napoléon Ier, régénérateur des monts-de-piété. Sa tête laurée, par Borrel, 1847. R̸. Armes de la Ville. Octog. Arg. FDC........................ 5 »

808 **Évreux**. Chambre des Notaires. Écu de France et tête de Louis XVIII. Octog. Arg. TB................ 5 »

809 **Évreux**. Chambre des Notaires de l'arrondissement. La Justice debout. Octog. Arg................. 4 50

810 **Le Havre de Grâce**. Chambre de Commerce. Vue du Port. Tête de Charles X. Arg. Octog. Assez rare. TB.. 6 »

811 **Le Havre de Grâce**. Chambre de Commerce. Vue du Port. Tête de Louis-Philippe. Octog. Arg. TB....... 5 »

812 **Seine-Inférieure**. Commissions départementales. Tête de Napoléon III. Octog. Arg. TB............... 4 »

813 **Amiens**. Société d'horticulture de Picardie, aux armes de cette province, en exergue. Amiens. Charmant jeton arg. d'Alphée Dubois représentant trois amours bêchant, arrosant et taillant des arbustes. FDC. 4 50

814 **Bar-le-Duc**. Ject. de la Chambre de ville de Bar, 1680. R̸. Trophée d'armes. Cuiv. TB.......... .... 2 50

815 **Bar-sur-Aube**. Notaires de l'arrondissement. Code ouvert dans un faisceau de drapeaux, sous une couronne. R̸. LEGES ET MORES, 1840. Octog. Arg. FDC....... 5 »

816 **Beauvais.** Notaires de l'arrondissement. Même écusson que le précédent. R̸. Deux mains enlacées dans une guirlande tenant un caducée et un miroir, 1832. Octog. Arg. FDC.......................... 5 »

817 **Bordeaux.** Tête de Louis-Philippe. R̸. Proue de navire et boussole.......................... 5 »

818 **Bordeaux.** Compagnie bordelaise d'assurances maritimes. Prêts à la grosse. R̸. Navire ballotté sur les flots, 1843. Octog. Arg. TB.......................... 4 50

819 **Bourgogne.** Jeton des États, 1749, au buste cuirassé de Louis XV. Arg. TB.......................... 6 50

820 **Carcassonne.** Chambre de Commerce. Corne d'abondance et branche de laurier en sautoir. R̸. Mercure assis. Arg. Octog. TB.......................... 4 50

821 **Castres.** Caisse d'épargne. Ordonnance royale de 1835. R̸. Armes de la Ville surmontées d'une pique, au-dessus DEBOUT sur une banderole. Joli et grand jeton. Arg. FDC.......................... 5 »

822 **Cognac.** Société des Propriétaires *vignicoles* (*sic*). Deux mains enlacées. R̸. FONDÉE EN 1838 POUR TRENTE ANS. Navire. Arg. FDC.......................... 4 50

823 **Fontainebleau.** Chambre des Notaires de l'arrondissement. Avers : code ouvert dans un faisceau de drapeaux sous une couronne. Octog. Arg. TB.......................... 5 »

824 **Laon.** Huissiers. Tribunal civil de l'arrondissement. La Justice debout. Octog. Arg. FDC.......................... 4 50

825 **Lyon.** Messieurs les Notaires de l'arrondissement. Écu de France dans une draperie, sur un lion couché. R̸. Sphère, 1805. Arg. TB.......................... 5 »

826 **Lille.** Les habitants de Lille ont bien mérité de la Patrie. R̸. Aux Lillois de 1792. Colonne. Arg. FDC... 3 »

827 **Lille.** Administration du bien des pauvres et de la paroisse Sainte-Catherine à Lille, 1776. Avers : buste de Louis XVI. FDC. Arg. *Assez rare*.......................... 9 »

828 **Lille.** Monnoye. Sujet à l'avers et au revers. Cuiv. B. 2 »

829 **Lille.** Estats des ville et châtellenie de Lille. Grande fleur de lis. R̸. Têtes affrontées de Louis XVI et Marie-Thérèse, 1667. Cuiv. B.......................... 2 »

830 **Marly. Menus Plaisirs**, 1750 entre deux tiges de lis. R̸. Cheval lançant une ruade à un autre cheval qui tombe

dans un étang (sujet formant médaillon ovale). En exergue : abreuvoir. Superbe jeton arg. de grand module. Rare. FDC. . . . . 20 »

831 **Marne.** Société des Voiliers de la Marne. Grande guirlande. R. Yacht de plaisance. Grand jeton arg. à bélière 41mm. FDC. . . . . 6 »

832 **Marseille.** Société des anciens sous-officiers de Marseille. Casque, cuirasse, canons et drapeaux. R. Ordre et discipline, 11 novembre 1883. Décoration arg., à bélière. FDC . . . . 4 »

833 **Marseille.** Société de tir de Marseille, 1867. Armoirie de la ville au-dessus de deux fusils croisés. R. Grande couronne entourant un champ lisse. Immense jeton arg. 41mm. Poids , FDC. . . . . 8 »

834 **Orléans.** Notaires de l'arrondissement, à la tête de Louis-Philippe. Trois variétés de coins, l'un de Caqué et les deux autres de Dubois. Octog. Arg. FDC. La p. 8 »

835 **Orléans.** Comptoir d'Escompte. Ancre et caducée, 1854. Société Richault et Cie. Ruche près d'un coffre. Arg. Oct. . . . . 4 »

836 **Orléans.** Société archéologique de l'Orléanais. R. ANTIQUITATIS CUSTODES, 1849. Colonnes, bronzes, vases et bas-reliefs antiques. Arg. FDC. 4 50

837 **Orléans.** De l'Échevinage de M. Michel Guillois. Ses armes. R. La Loire sous les murs d'Orléans, 1653. Cuiv. jaune. Frappe postérieure. TB. 3 »

838 **Orléans.** Pour la Chambre des Chaussées d'Orléans, 1586. Armes de la Ville. R. Écu de France. Cuiv. jaune. Assez rare. TB. . . . . 3 »

839 **Orléans.** Orléans pour la Communauté des Marchands fréquentant la rive droite de la Loire. Vue d'Orléans. R. Mercure debout près de la Loire, 1653 et sans date. Deux jetons cuiv. TB. . . . . La p. 2 »

840 **Orléans.** Pour la Chambre de ville d'Orléans, 1608. Le Christ en croix. R. Écusson de la ville tenu par Cérès. Cuiv. jaune. B. 1 50

841 **Pontivy.** Armoirie de la ville. Caisse d'Épargne de Pontivy (Morbihan), fondée en 1837. . . . . 1 50

842 **Pontoise.** Notaires de l'arrondissement. Tête de Napoléon III. Octog. Arg. Grand module. TB. . . . . . . 5 »

843 **Reims**. Arquebusiers. Saint Antoine et son cochon. ℞. Trophée d'armes, 1707. Cuiv. TB. . . . . 2 »

844 **La Rochelle**. Chambre de Commerce. Sans date. Tête de Louis XV. ℞. Navire. Arg. TB. . . . . 5 »

845 **La Rochelle**. Chambre de Commerce, 1774. Buste de Louis XVI. ℞. Navire. Arg. TB. . . . . 5 »

846 **La Rochelle**. Conseil municipal de la ville de La Rochelle en quatre lignes. ℞. Hôtel de ville. Vue, 1836, par Casqué. Cuiv. *Rare*. FDC. . . . . 2 »

847 **Senlis**. Armes de la Ville, Conseil municipal. Arg. Octog. FDC. . . . . 4 »

848 **Sens**. Juge et consuls de Sens, 1766. La Justice marchant les yeux bandés. Avers : Tête de Louis XVI, par Droz. Arg. Rare. FDC. . . . . 10 »

849 **Sens**. Chambre des Avoués. 1827. Buste d'un personnage de l'antiquité. CONSILIO SEDARE LITES. Octog. Arg. Assez rare. . . . . 7 »

850 **Strasbourg**. Louis-Joseph, dauphin, né le 11 novembre 1781. Buste du jeune prince au-dessus d'un dauphin. ℞. Grande fleur de lis (Armoiries de Strasbourg) ARGENTORATUM FELIX VOTIS SECULARIBUS PRID. CAL. OCTOB. Arg. FDC. . . . . 11 »

851 **Tours**. Sapeurs-Pompiers de Tours. Trophée de haches et tuyaux. Au-dessus, un coq. Cuiv. TB. 1 50

852 **Valenciennes**. Conseiller de Ville. Armes de Valenciennes, 1789. Buste de Louis XVI. Étain bronzé. FDC. Frappe postérieure. . . . . 1 »

DIVERS

853 **Venise**. Jeton ancien cuiv. jaune, flan épais au Lion de Saint-Marc. 1 50

854 **Suisse**. Prix d'école de Genève. Aux armes de la ville. Adolescent étudiant près d'une lyre et d'une lampe antique. Arg. 41mm. FDC. . . . . 9 »

855 **Suisse**. Superbe médaille de Louis XV, 1738, relative à Zurich et Berne. La Paix et la Justice debout près d'un autel, à leurs pieds un cadavre. Br. patiné 55mm. FDC. 7 »

856 — Grande médaille arg. 55mm. Prix Barbet de la *Faculté*

de Médecine et de pharmacie de Bordeaux à M. Brunelière, de la Charente-Inférieure, 1885. Légendes gravées. Avers : Tête d'Hippocrate, par Dubois. FDC. 14 »

857 — Superbe méd. br. 74mm, au buste de Louis XIV cuirassé avec manteau et collerette, par Molart. Frappée pour *la Prise d'Arras*, 1654. Joli sujet allégorique. TB. . . . . 12 »

858 **Louis XV**. Son buste jeune cuirassé. ℞. Académie de peinture et de sculpture. Trois amours représentant les Arts et travaillant. Métal composition (apparence et son de l'argent). 50mm. FDC. . . . . 8 »

859 **Louis XVI**. Son buste en habit de cour, par Duvivier. En exergue : COMITIA BURGUNDIAE. ℞. Légende latine en neuf lignes, 1782 (l'Académie royale des Sciences récompensant et protégeant les Arts). Superbe méd. Br. 74mm. FDC. . . . . 10 »

860 Insigne à bélière composé de deux plaques cuiv., soudées dans un cercle de cuivre, l'une lisse et l'autre présentant un cercle formé par un serpent se mordant la queue ; au-dessus de sa tête, une couronne royale accostée d'un sceptre et d'une main de Justice. Entourage : branche de lis et branche de laurier (*paraissant de la Révolution*), 60mm. TB. . . . . 12 »

861 **Confédération des Français**, 14 juillet 1790. Br. doré 41mm. TB. . . . . 4 »

862 **Fénelon** (François), archevêque de Cambrai. Son buste, par Caunois. ℞. Monument élevé à Fénelon dans la cathédrale de Cambrai, 1825. Br. 50mm. FDC. . 5 »

863 **David** (Louis), peintre. Sa tête, par Galle. ℞. Son monument funéraire, 1822. L'ÉCOLE FRANÇAISE RECONNAISSANTE. Br. 57mm. FDC. . . . . 6 »

864 **Affre (D. A.)**, archevêque de Paris, né dans l'Aveyron. Son buste. ℞. Sa mort sur un lit de camp entouré de militaires à l'un desquels il remet une croix (1848). Br. 48mm. TB. . . . . 4 »

865 **Loir-et-Cher**. Société d'agriculture. Têtes de bœuf et de cheval et une charrue dans une grande couronne. Avers : Cérès debout entre une corne d'abondance et un soc de charrue. Méd. originale. Br. 50mm. TB. 3 »

866 **Inauguration du Chemin de fer du Nord**, juin 1846. Deux piédestaux, l'un surmonté d'un coq et l'autre d'un lion entre lesquels passent deux trains. Br. 26mm... 2 »

867 **Louis-Philippe.** Son buste. ℟. Loi de 1840 ordonnant la translation des cendres de *Napoléon* aux Invalides. Le prince de Joinville, commandant l'expédition. Br. 31mm. TB................................ 3 »

868 **Vésale** (André). Son buste, par Jouvenet. ℟. Légende en seize lignes sur ses travaux et sa mort en 1564, à Zante (Iles Ioniennes). Br. 47mm. TB.......... 4 »

869 **Lyon.** Joli buste de la Ville, par M. Penin de Lyon. ℟. Longue légende latine en dix-neuf lignes, 1851, relative à l'assainissement et aux embellissements de la ville. Br. 50mm. FDC......................... 4 »

870 **Rouget de Lisle.** Inauguration de sa statue à Choisy-le-Roi (1882). Avers : Tête (peu ordinaire) de la République. Br. doré. 50mm. TB.................. 3 »

871 **Angers, Châlons, Aix.** Armoiries de ces trois villes dans un ornement feuillu, au-dessus d'une enclume et d'un engrenage. Autour : anciens élèves des Écoles d'Arts et Métiers. ℟. Centenaire de la fondation, 1780-1880. Br. à bélière. 42mm. FDC.................. 3 »

872 Un lot de médailles *de 1848*. Br., cuiv. et étain à prix divers (envois en communication).

873 Un lot de médailles de *1870-1871* (*Guerre et Commune*). Métaux et prix divers, intéressant Paris et certaines provinces (envois en communication).

874 **Grand Insigne argent** à bélière, à huit pointes terminées par des boules. Conseil des Prud'hommes, niveau ; au-dessous, un coq sur une branche en chêne. ℟. Œil lumineux au-dessus de deux mains enlacées ; au-dessous balance et caducée, et en exergue : Équité. Assez rare. 12 »

875 **Bordeaux.** Vue de Bordeaux dans un entourage ovale avec ornements alentour. ℟. RÉPUBLIQUE FRANÇAISE. Caducée surmonté d'un bonnet phrygien, tranche inscrite : Bon pour *Bord.*, *Marseille*, *Lyon*, *Rouen*, *Nantes* et *Strasbourg*. Cuiv. 33mm. TB. *Très rare.* Inconnu à Hennin. 25 »

MÉDAILLES OMISES A LEUR DATE

876 **1725**. Buste de Louis XV. R'. Buste de Marie Leczinska, par Du Vivier (mariage). Arg. 30mm. B. ...... 7 »

877 **1768**. Jacques Antoine, architecte de la Monnaie. Son buste par Tiolier. R'. Façade de la Monnaie de Paris. Br. 41mm. FDC .... 6 »

878 **1790**. Fédération de Versailles. Joli cartouche couronné. La nation, la Loi et le Roi. Br. 34mm. FDC ... 6 »

879 **1796**. Bataille de Millesimo, combat de Dego ; Hercule assommant l'hydre. R'. Le Peuple français à l'armée d'Italie, tranche inscrite (défauts dans le coin). Br. 43mm. B. .... 5 »

880 **1796**. Bataille de Castiglione, combat de Peschiera. Deux guerriers nus combattant au-dessus du corps d'un troisième, étendu à terre. R'. A l'armée d'Italie, an 4e. Br. 42mm. TB. .... 7 »

881 **1796**. Passage du Pô, de l'Adda et du Mincio, an 4 ; passage de l'armée sur un pont. R'. A l'armée d'Italie la Patrie reconnaissante. Br. 42mm. TB .... 7 »

882 **1800**. Tribunat, insigne rectangulaire à pans coupés, an VIII, paraissant de frappe ancienne (habituellement en argent). Br. 18 × 40mm. TB......... 6 »

883 **1811**. Naissance du Roi de Rome. Buste du jeune prince, et à l'avers : Têtes accolées de Napoléon et Marie-Louise. Br. 41mm. Superbe conservation....... 6 »

884 **1814**. Visite de l'empereur de Russie, Alexandre Ier, à la Monnaie des médailles. Son buste. Br. 41mm. TB. 4 »

885 **1814**. Visite du roi de Prusse. Frédéric Guillaume III à la Monnaie des médailles. Son buste. Br. 41mm. TB. 4 »

886 **1815**. Maréchal Brune. Son buste. R'. Ses campagnes, né à Brune, mort à Avignon 1815. Br. 41mm. TB. 4 »

887 **1815**. Augereau, duc de Castiglione. Son buste. R'. Ses campagnes, né à Paris, mort en 1815. Br. 41mm. TB. 4 »

888 **1819**. Chambre des députés, session 1819, au buste de Louis XVIII. Arg. 41mm. Poids 40 gr. TB..... 8 »

889 **1823.** Même médaille, session 1823. Arg. Mêmes module et poids .... 8 »

890 **1820.** A la mémoire des Bourbons tombés sous le fer des assassins : Henri IV, Louis XVI, Louis XVII, Marie-Antoinette, Mme Élisabeth, duc d'Enghien et duc de Berry ; jolis sujets à l'avers et au revers. Br. 57mm. TB. 6 »

891 **1820.** Autre exemplaire en bronze bien argenté. TB. 8 »

892 **1821.** Peste à Barcelone. Scène de secours apportés à un pestiféré par la Médecine et la Religion. ℟. Noms de cinq médecins : Mazet, Pariset, Bally, François, Audouard. Superbe médaille. Br. 47mm. TB.... 7 »

893 **1831.** Visite de Louis-Philippe à la Monnaie de Rouen ; tête du roi. Br. 36mm. TB.................... 3 »

894 **1823.** Manuel, député de la Vendée. Son buste en uniforme. ℟. Né à Barcelonnette, etc. Br. 41mm. TB. 4 50

895 **1834.** Salverte, député de Paris et auteur d'un ouvrage sur les sciences occultes. Son buste par Rogat. Br. 50mm. TB.............................. 6 »

896 **1837.** Prise de Constantine, Damrémont, Nemours, d'Orléans, Vallée. Joli sujet au revers, et tête de Louis-Philippe à l'avers, par Borrel. Br. 50mm. FDC. 5 »

897 **1838.** Jean Sturm, recteur du Gymnase de Strasbourg. ℟. Légende latine en onze lignes. Br. 49mm. TB. 6 »

898 **1840.** Défense de Mazagran PAR 125 FRANÇAIS CONTRE 12000 ARABES. Vue de la redoute assiégée. Avers : Tête de Louis-Philippe. Br. 41mm. FDC .... 5 »

899 **1842.** Mort du duc d'Orléans. Sa tête par Petit. ℟. Joli sujet allégorique. Br. 52mm. FDC............. 5 »

900 **1844.** Bataille d'Isly, remportée par le maréchal Bugeaud. Superbe médaille à la tête de Louis-Philippe. Br. 51mm. FDC.................................. 5 »

901 **1848.** Tête curieuse de la République par Gayrard. ℟. Trois femmes symbolisant la Liberté ! l'Égalité ! et la Fraternité ! Belle médaille au point de vue artistique. Br. 50mm. FDC.............................. 5 »

902 **1851.** Pierre Cartellier, statuaire. Sa tête, par Domard, son élève. ℟. Légende en sept lignes. Br. 45mm. FDC. 5 »

903 **1864.** 50e anniversaire de la réunion de Genève à la Suisse, 12 septembre 1814. La Suisse enlaçant la Ville

de Genève. Belle médaille en bronze bien argenté. 47^{mm}. FDC . . . . 4 »

904 **1872.** Henry de France, comte de Chambord. Sa tête par Veyrat, Anvers, 1872. ℞. Ses armes et légende circulaire. Br. 48^{mm}. FDC . . . . 5 »

905 Médaille de Sainte-Hélène, petit module. 18^{mm}. Assez rare. FDC . . . . 6 »

906 Grande médaille de la paix de Lunéville au buste de Bonaparte. ℞. BONHEUR AU CONTINENT. Le soleil éclairant une partie du globe terrestre. 1801. Br. 55^{mm}. AB . . . . 5 »

907 **1629.** Vue de la Ville de Strasbourg. ℞. Armes de la Ville. Coin de Lutz et de Fechter (Engel et Lehr, n° 564). Belle et rare. Médaille vermeil. 35^{mm}. 32 »

JETONS OMIS A LEUR RANG

908 **Catherine de Médicis**, à ses armes. ℞. Pluie de larmes tombant sur de la chaux vive. Cuiv. TB . . . . . 4 »

909 **Charles**, cardinal de Bourbon (cardinal de Vendôme, évêque de Saintes, puis archevêque de Rouen, devenu Charles X). Jeton cuiv. à ses armes. ℞. Arbre touffu. TB . . . . 6 »

910 **Richelieu.** Deux beaux jetons cuivre à son buste, années 1635 et 1639. Revers variés. TB. Au choix. 3 »

911 **Anne d'Autriche.** Jeton cuiv. à son buste et à ses armes. TB . . . . 3 »

912 **Mazarin.** Jeton cuiv. à ses armes. ℞. Une fronde. 1651. B . . . . 4 »

913 **Louis**, comte de Vermandois, amiral de France (légitimé de Louis XIV). Buste du comte. ℞. Alcyon en pleine mer. Cuiv. B . . . . 2 »

914 **Michel Phélypeaux**, archevêque de Bourges. Jeton cuiv. à son buste et à ses armes. TB . . . . 3 »

915 **Léo de Gesvres**, archevêque de Bourges. Jeton cuiv. à son buste et à ses armes. 1694. TB . . . . 4 »

916 **De Roye de La Rochefoucauld**, archevêque de Bourges. Jeton cuiv. à son buste et à ses armes, 1729. TB. 4 50

917 **G. L. Phélypeaux**, archevêque de Bourges. Jeton cuiv. à son buste et à ses armes, 1757. TB.......... 3 50

918 **Angers**. Jetons cuiv. des maires d'Angers : Gohin, 1655, Cupif, 1671, Lézineau, 1681, Charlot, 1685, Raymbault, 1701, Marin Jallet, 1743. B. et TB. La p. 2 » et 3 »

919 **Tours**. Jetons cuiv. des maires de Tours : Fr. Maille, 1592, Igault, 1607, Rogier, 1609, Boutault, 1615-16, Fleury, 1622-23, Dumoulin, 1624, Cotereau, 1628-29, Pallucet, 1630, Dupuy, 1631. B. et TB.
La p. 2 » et 3 »

920 **Nantes**. Jetons cuiv. des maires de Nantes : Huteau des Burones, 1659, et jeton à devise : BENE GESTI MUNUS HONORIS 1661, ces deux jetons aux armes de Nantes et du maire. TB... La p. 4 » — Lorido du Mesnil, 1667, Libault, 1671, Régnier, 1674, de Lisle, 1687, du Broussay-Cassard, 1689, Bellabre, 1752. Ces six derniers jetons, B. et TB............. 2 » et 2 50

921 **Nantes**. Gellée de Prémion, maire. Trois jetons arg., des années 1756, 1776 et 1780-81, aux armes de la ville et du maire. FDC.................... 6 »

922 **Nantes**. François Libault, maire. Jeton arg. à ses armes et aux armes de la ville, 1766-67. FDC........ 7 »

923 **Rouen**. Réunion des marchands de Rouen en 1706 (plus bas 1750), au buste de Louis XV. Arg. TB.... 7 »

924 **Valenciennes**. Société des Incas. 40e anniversaire. 17, 18, 19 juin 1866. Curieux jeton cuiv. FDC....... 2 »

925 **Paris**. Argenterie du Roi, 1727, au buste de Louis XV. Arg. TB.............................. 8 50

926 **Marie Leczinska**. Maison de la Raine (*sic*) 1729, au buste de la Reine. TB.......................... 6 50

927 **Extraordinaire des guerres**, à la tête de Louis XV, 1770, et à la tête de Louis XVI, 1779. Arg. TB...... 4 50

928 **Receveurs payeurs des rentes**, 1692, à la tête de Louis XIV. Arg. B........................ 4 »

929 **Payeurs des rentes**. 1748, à la tète de Louis XV. Arg. B.
4 »

930 **École de chirurgie**. 1775, au buste de Louis XVI et à la vue de l'École. Arg. TB. (petit défaut de coin au revers)................................ 6 »

931 **Élias Col. de Vilars**, médecin. Jeton arg. à son buste, 1741. Refrappe ancienne. FDC . . . . 8 »

932 **Rouvière**, pharmacien. Paris, 1706. Joli jeton cuiv. TB. 4 »

933 **Paroisse royale de Saint-Germain l'Auxerrois**. 1734. Un évêque et un diacre debout. Avers : Tête de Louis XV. Arg. B. (petit trou) . . . . 7 »

934 **Saint-Jacques**, 1703. Saint Jacques debout habillé en pèlerin. Avers : Buste de Louis XV. Arg. TB. 12 »

935 **Saint-Merry**. Les marguilliers, 1754. Joli trophée d'emblèmes pontificaux. ℟. Grand seigneur faisant la charité à six malheureux. Cuiv. TB . . . . 3 »

936 **Saint-Barthélemy**. Fabrique. Sans date. Sainte Geneviève debout. ℟. B. P. deux livres de viande. Cuiv. rouge. TB. Rare. . . . . 5 »

937 **Saint-Roch**. Nicolas Saillot, commissaire de Saint-Roch. Deux jetons cuiv. à ses armes et à son monogramme; curieux revers variés, l'un de 1683-85, l'autre de 1685-89. TB. et rares . . . . La p. 5 »

938 **Méreau en plomb de 1599**, attribuable au clergé de Paris, mais difficile à identifier. Beau et rare . . . . 3 »

939 **Clergé de Paris**. 1650. Cuiv. TB. 1 50

940 **Prévôts des marchands de Paris**. 1° Jérôme Bignon, 1709, ses armes. ℟. Soleil ardent dardant ses rayons sur un miroir en pleine campagne. Arg. TB. . . . . 7 »

2° de Castagnère, 1721, ses armes et armes de la Ville. Arg. TB . . . . 7 »

3° Nicolas Lambert, 1725, ses armes et armes de la Ville. Arg. TB. . . . . 6 »

4° Camus de Pontcarré, 1758, ses armes. ℟. La Ville assise. Arg. AB. . . . . 4 »

5° Camus de Pontcarré, 1763, ses armes. ℟. La Ville de Paris assise. Superbe jeton arg. TB. . . . . 7 »

941 **Prévôts des marchands de Paris**. Jetons cuiv. de Jacques Sanguin, 1609, de Bailleul, 1628, Macé le Boulanger, 1644, Le Féron, 1650, Ant. Lefebvre, 1653 et 1654, de Sève, 1655, 1659, 1660, 1661, Claude Le Pelletier, 1675, de Pomereu, 1684, de Fourcy, 1688 et Claude Bosc, 1693 (suivant conservation et rareté),

1 » — 2 » et 3 »

942 **Échevins de Paris**. N. Phelippes, maître d'hostel du Roi, 1652. Laiton, à ses armes. TB. et rare........ 4 »

943 **Ant. de la Porte**, 1er eschevin. Laiton, à ses armes. B. 2 »

944 **Lieutenants civils au Châtelet et Prévôts de Paris** : de Mesmes, 1619 et Moreau, 1634. Deux jetons cuiv. B.................................... 2 50

945 **Receveurs généraux des pauvres** : P. Hélyot, 1644, Béguin, 1654, Bachelier, 1655, et sans date; Bellavoine, 1662, Levieulx, 1664, Gellain, 1666, Maillet, 1655. Huit jetons cuiv., plusieurs rares. B. et TB. 2 » et 3 »

946 **Préfecture de la Seine**. Jeton de présence par Brenet (Empire). Cuiv. TB........................ 2 50

947 **Police**, sous Louis XIII. Curieux jeton aux armes de France et Navarre. R'. Couronne dans un entourage d'oreilles et d'yeux. B........................ 3 »

948 **La police du Chastelet de Paris**. Curieux jeton cuiv. de la même époque (si pas plus vieux). Sans date. Cuiv. B.. 3 »

949 **Sécurité publique** au buste de Louis XIV. Sans date. Cuiv. B................................ 2 »

950 **Paix et sécurité publique**, sous deux cornes d'abondance et au-dessus de deux drapeaux. R'. Deux mains jointes et cinq lignes de légende latine. Arg. FDC. (style fin du XVIIIe siècle).................. 6 »

951 **Corporations**. Mesureurs de planches CRÉÉ AU MOIS DE MARS 1704. Avers : Tête de Louis XV. Jeton assez rare. Arg. FDC.................................. 10 »

952 Commerce de vin de la Ville de Paris, 1811. Grappe de raisin dans une jolie couronne. Avers : Napoléon emp. et roi. Sa tête par Desbouts. Cuiv. octog. grand module, traces d'argenture. FDC. *Rare*........ 8 »

953 Tapissiers de Paris. Chambre syndicale fondée en 1848. Joli jeton octog. arg. (de la fondation). FDC... 6 »

L'accueil bienveillant que Messieurs les Collectionneurs ont bien voulu faire à mon premier catalogue du même genre, paru en mars dernier, m'a engagé à faire paraître cette suite, qui leur présentera une série de médailles et jetons renfermant un grand nombre de belles et bonnes pièces. Beaucoup de collectionneurs qui arrêtaient naguère leurs séries à 1815 se sont, surtout depuis le commencement du xxe siècle, mis à rechercher les médailles et jetons du xixe, dont j'offre dans ces deux catalogues, beaucoup de beaux et bons spécimens. Les prix en étant encore restés, jusqu'à présent, très abordables, je me permets d'engager Messieurs les Amateurs à ne pas attendre que les pièces de cette époque deviennent plus rares. Je me propose de dresser très prochainement deux autres catalogues :

1° *Monnaies grecques et romaines.*

2° *Monnaies françaises et étrangères.*

Messieurs les Numismates que ces séries intéresseraient plus particulièrement seraient bien aimables de m'en faire part, afin que je n'oublie pas de les leur adresser en temps utile.

Prix nets, comptant.

Port à la charge des acheteurs.

MACON, PROTAT FRÈRES, IMPRIMEURS

www.ingramcontent.com/pod-product-compliance
Ingram Content Group UK Ltd.
Pitfield, Milton Keynes, MK11 3LW, UK
UKHW020512180726
13839UKWH00005B/2041